D1259924

Goodnight, My Love!

잘 자, 내 사랑!

Shelley Admont

Illustrated by Samir Boumsik

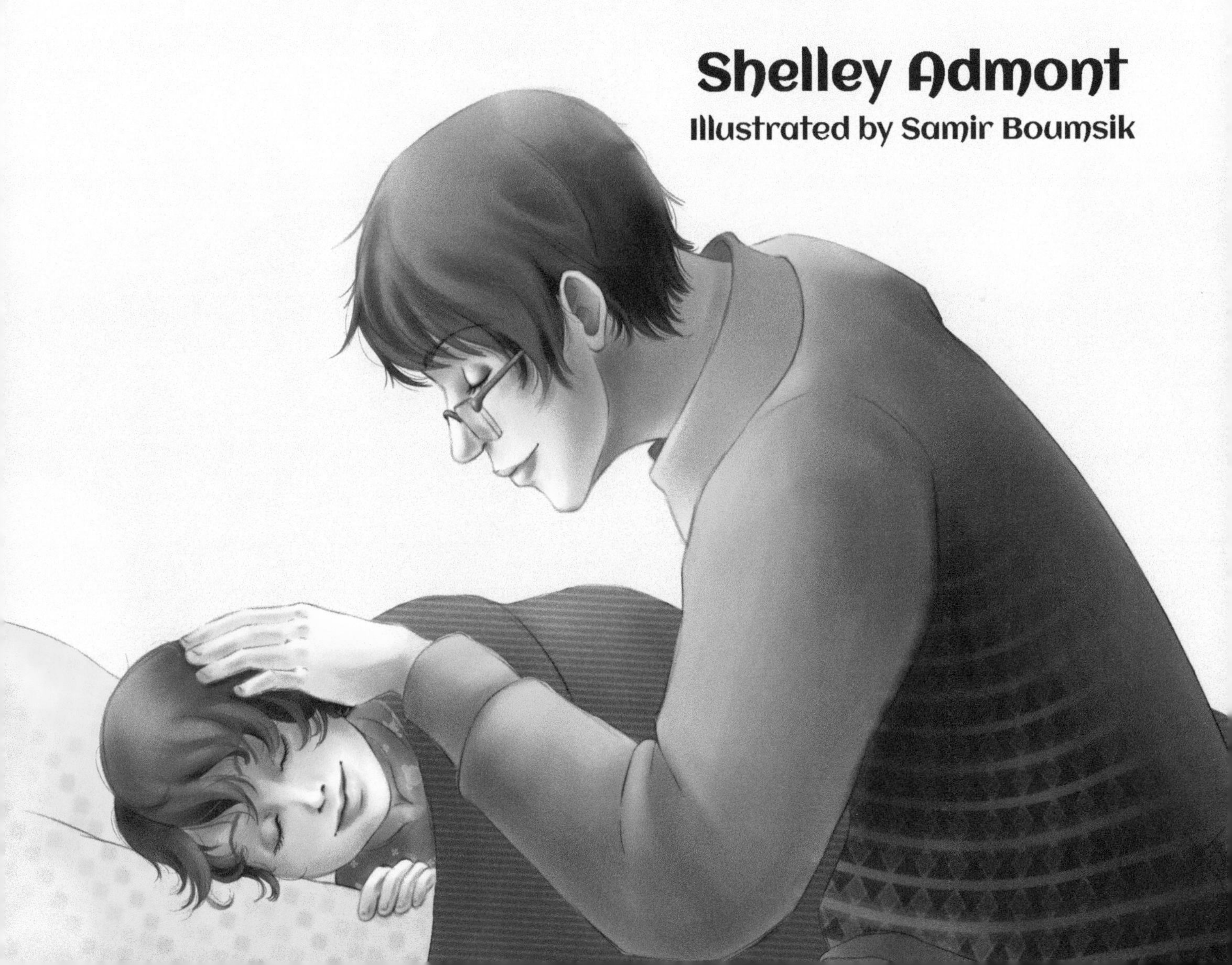

www.kidkiddos.com

support@kidkiddos.com

First edition, 2018

Edited by Martha Robert
Translated from English by Tay Bake
영한 옮김 백태은
Korean editing by Jiwon Ahn
번역 감수 안지원

Library and Archives Canada Cataloguing in Publication
Goodnight, My Love! (Korean Bilingual Edition)/ Shelley Admont
ISBN: 978-1-5259-0723-4 paperback
ISBN: 978-1-5259-0724-1 hardcover
ISBN: 978-1-5259-0722-7 eBook

PiYo!

"Time for bed, son. Brush your teeth and put on your pajamas. Climb into bed, and I will read you a story," said Dad.

"아들, 이제 잘 시간이야. 이 닦고 잠옷을 입거라. 침대에 들어가면, 이야기를 읽어줄게," 아빠가 말했어요.

When Alex had climbed into bed, his dad read him a story. After that, he tucked him in and leaned over.

알렉스가 침대로 들어가자, 아빠는 이야기를 들려주었어요. 그리고는, 이불을 덮어주고 얼굴을 기울였어요.

"Goodnight, son. Goodnight, dear. I love you," he said.

"잘 자, 아들. 잘 자렴, 아가. 사랑한다," 아빠가 말했어요.

“I love you too, Daddy, but I can’t sleep right now,” said Alex.

“저도 사랑해요, 아빠, 그런데 지금은 잠을 잘 수 없어요,” 알렉스가 말했어요.

“Why, son? What’s wrong?” asked Dad.

“왜, 아들? 무슨 일이야?” 아빠가 물었어요.

“I need a drink of water first,” Alex answered.

“일단 물을 한 컵 마셔야 해요,” 알렉스가 대답했어요.

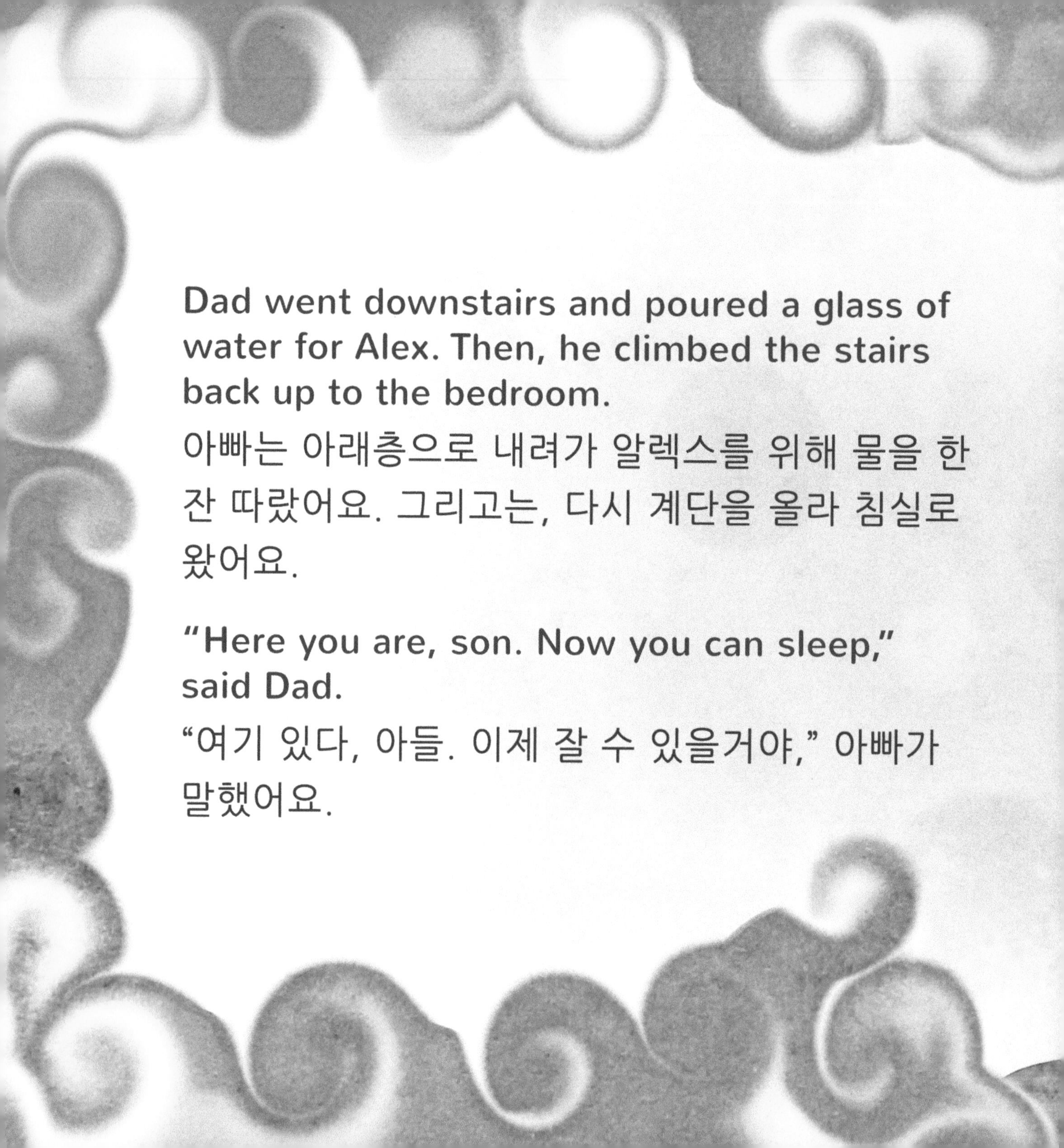

Dad went downstairs and poured a glass of water for Alex. Then, he climbed the stairs back up to the bedroom.

아빠는 아래층으로 내려가 알렉스를 위해 물을 한 잔 따랐어요. 그리고는, 다시 계단을 올라 침실로 왔어요.

"Here you are, son. Now you can sleep," said Dad.

"여기 있다, 아들. 이제 잘 수 있을거야," 아빠가 말했어요.

Alex drank the glass of water and lay back down. His dad tucked him in and leaned over.

알렉스는 물을 마시고 다시 자리에 누웠어요. 아빠는 이불을 덮어주고 얼굴을 기울였어요.

"Goodnight, son. Goodnight, dear. I love you," he said.
"잘 자, 아들. 잘 자렴, 아가. 사랑한다," 아빠가 말했어요.

"I love you too, Daddy, but I can't sleep right now."
"저도 사랑해요, 아빠, 그런데 지금은 잠을 잘 수 없어요."

"Why, son? What's wrong?" asked Dad.
"왜, 아들? 무슨 일이야?" 아빠가 물었어요.

"I need my teddy bear," answered Alex.
"제 곰 인형이 필요해요," 알렉스가 대답했어요.

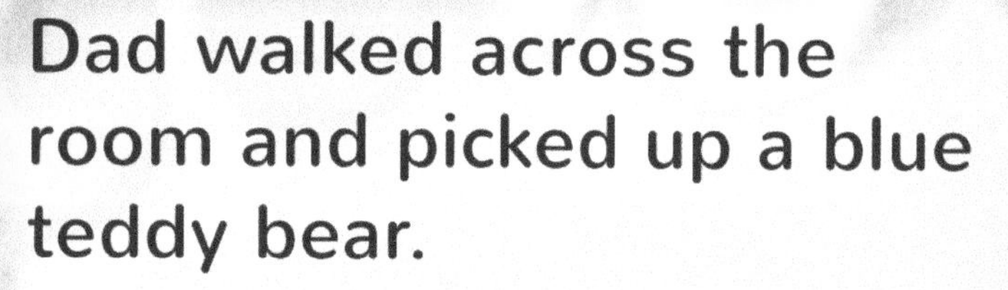

Dad walked across the room and picked up a blue teddy bear.

아빠는 방 한 켠으로 가 파란색 곰 인형을 집어 들었어요.

He brought it back and gave it to Alex.

그리고는 인형을
알렉스에게 가져다
주었어요

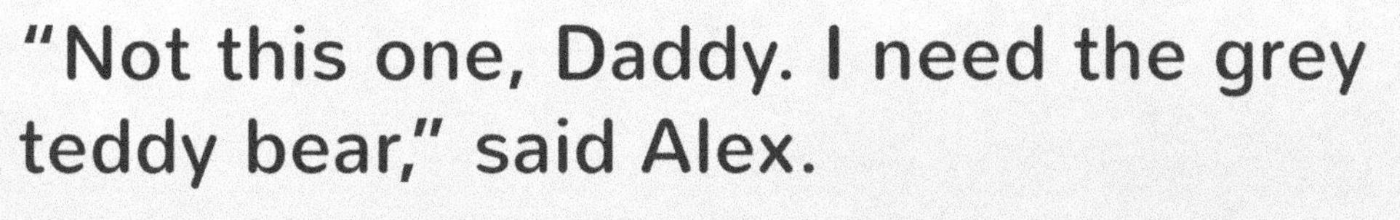

"Not this one, Daddy. I need the grey teddy bear," said Alex.

"이거 말구요, 아빠. 회색 곰 인형 말이에요," 알렉스가 말했어요.

Dad laughed. He went downstairs to get a grey teddy bear from the couch. Then, he climbed the stairs back up to his son's room again.

아빠는 웃었어요. 아빠는 계단을 내려가 소파에 있는 회색 곰 인형을 집어 들었어요. 그리고는, 다시 아들 방으로 올라왔어요.

“Here is your teddy bear. Now you can sleep,” said Dad.

“여기 곰 인형 있다. 이제 잘 수 있을거야,” 아빠가 말했어요.

“Thank you, Daddy!” said Alex.

“고마워요, 아빠!” 알렉스가 말했어요.

Dad tucked in his son and the teddy bear and leaned over.

아빠는 알렉스와 곰 인형에게 이불을 덮어주고 얼굴을 기울였어요.

"Goodnight, son. Goodnight, dear. I love you," he said.

"잘 자, 아들. 잘 자렴, 아가. 사랑한다," 아빠가 말했어요.

"I love you too, Daddy, but I still can't sleep yet," said Alex again.

"저도 사랑해요, 아빠, 그런데 아직도 잠을 잘 수가 없어요." 알렉스가 다시 말했어요.

"Why, son? What's wrong?" asked Dad.

"왜, 아들? 무슨 일이야?" 아빠가 물었어요.

"Well, I don't know what to dream about," answered Alex.

"음, 어떤 꿈을 꿔야 할 지 모르겠어요,"
알렉스가 답했어요.

"Hmmm, that's very important, isn't it?" said Dad. Alex nodded.

"흠, 그거 굉장히 중요한 건데, 그렇지 않니?" 아빠가 말했어요. 알렉스가 끄덕였어요.

"Then, why don't we plan your dream together?" asked Dad.

"그러면, 우리 같이 꿈에 대해 생각해 볼까?" 아빠가 물었어요.

"That's a good idea, Daddy!"

"좋아요, 아빠!"

"If you could be anything at all, Alex, what would you be?"

"만약 뭐든지 될 수 있다면, 알렉스, 넌 뭐가 되고 싶니?"

"I'd be a bird and float on the breeze," answered Alex.

"새가 되어 바람을 따라 날고 싶어요," 알렉스가 답했어요.

"What a beautiful dream, son!" said Dad.
"그것 참 멋진 꿈인데, 아들!" 아빠가 말했어요.

"But, what will happen next?" asked Alex.
"하지만, 그 다음엔 뭘 하죠?" 알렉스가 물었어요.

"First, you and I will soar through the soft, fluffy clouds. The sun will warm our feathers with its gentle, pink glow," said Dad.

"우선, 우리 함께 가볍고 폭신한 구름을 뚫고 올라가 보자꾸나. 그럼 해님이 부드럽고 따뜻한 햇살로 우리 날개를 덥혀줄 거야," 아빠가 말했어요.

"The sunrise is beautiful, Daddy!" said Alex. Dad nodded.

"해가 떠오르는 모습이 너무 아름다워요, 아빠!" 알렉스가 말했어요. 아빠가 고개를 끄덕였어요.

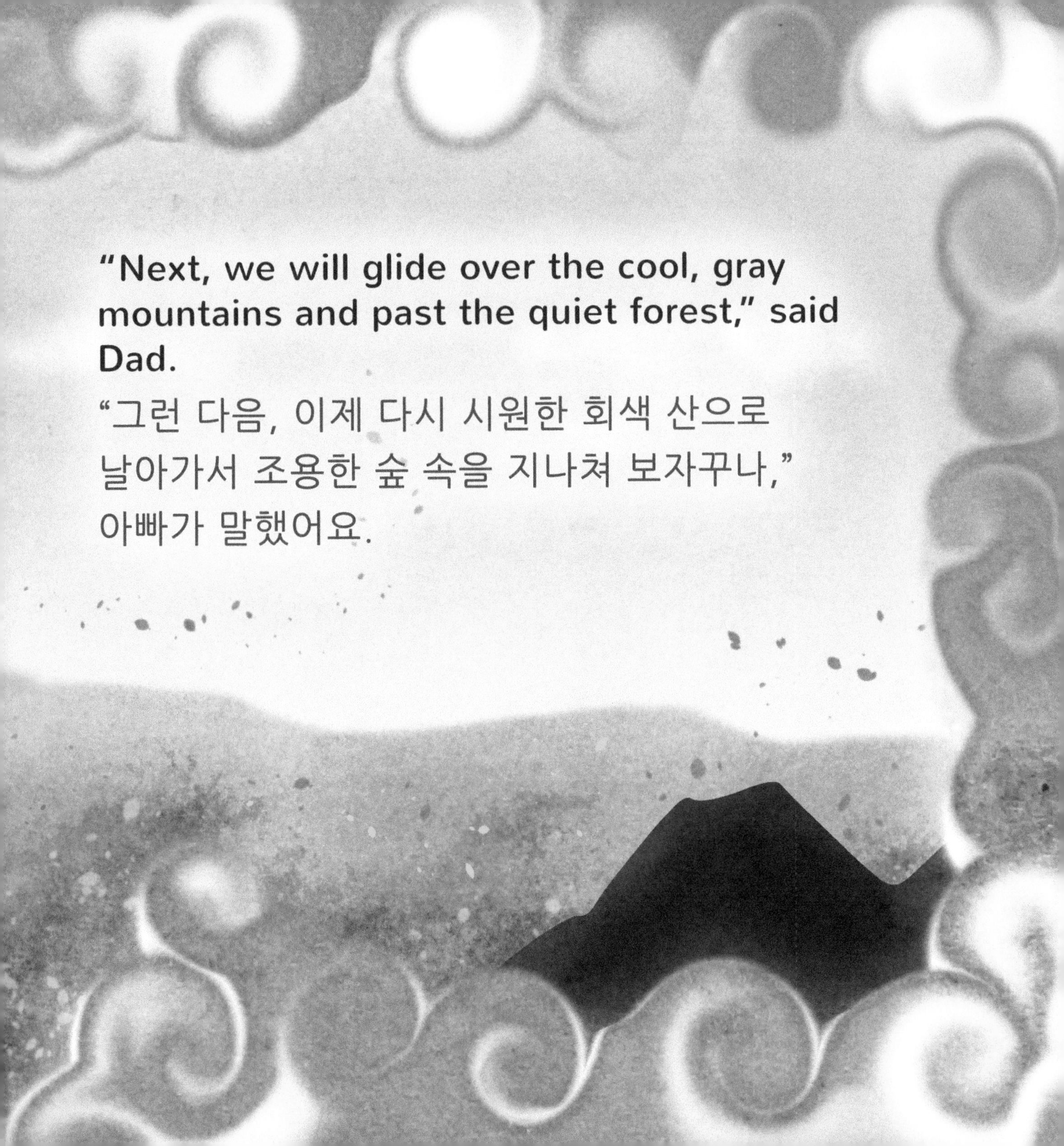

"Next, we will glide over the cool, gray mountains and past the quiet forest," said Dad.

"그런 다음, 이제 다시 시원한 회색 산으로 날아가서 조용한 숲 속을 지나쳐 보자꾸나," 아빠가 말했어요.

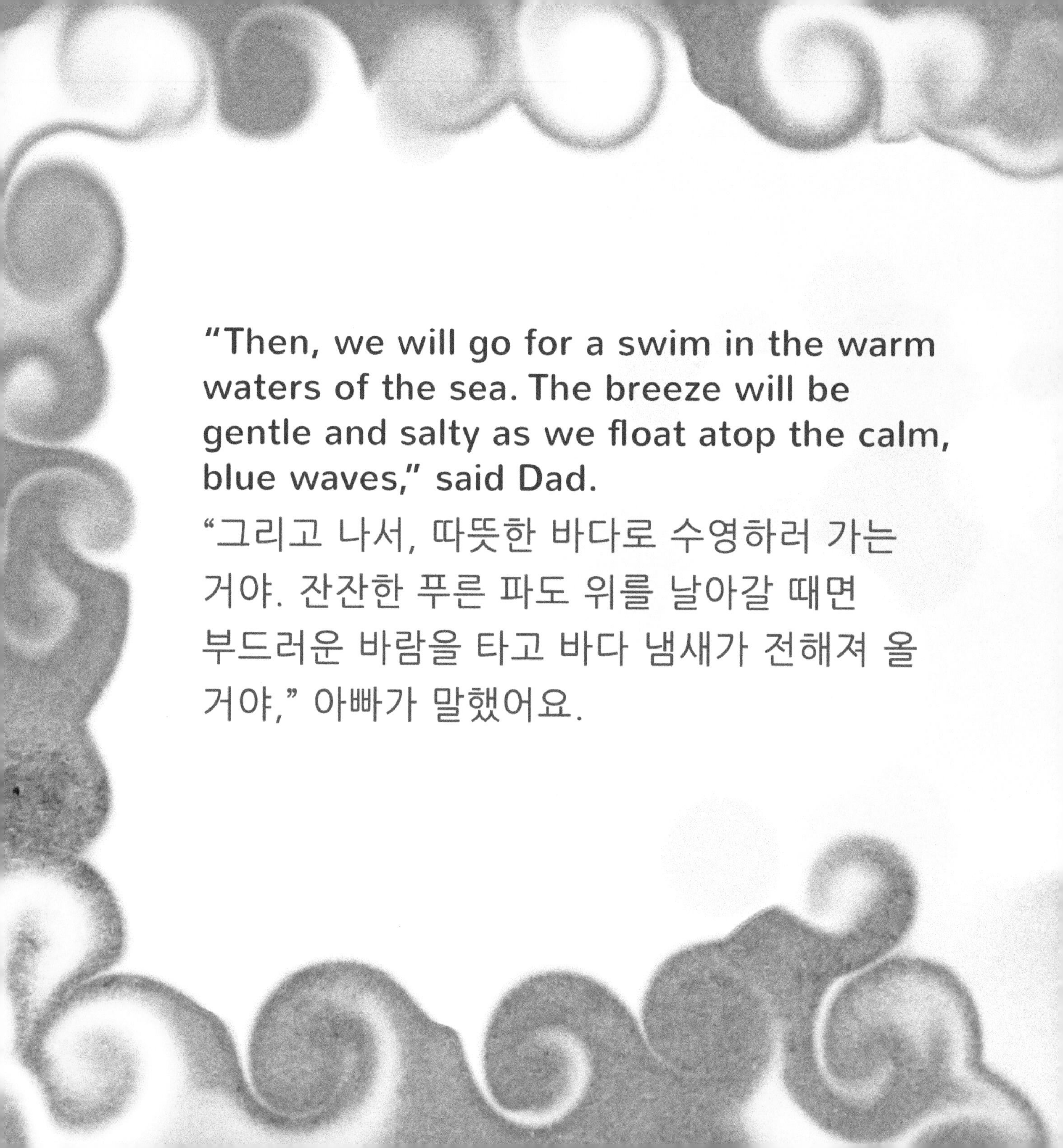

"Then, we will go for a swim in the warm waters of the sea. The breeze will be gentle and salty as we float atop the calm, blue waves," said Dad.

"그리고 나서, 따뜻한 바다로 수영하러 가는 거야. 잔잔한 푸른 파도 위를 날아갈 때면 부드러운 바람을 타고 바다 냄새가 전해져 올 거야," 아빠가 말했어요.

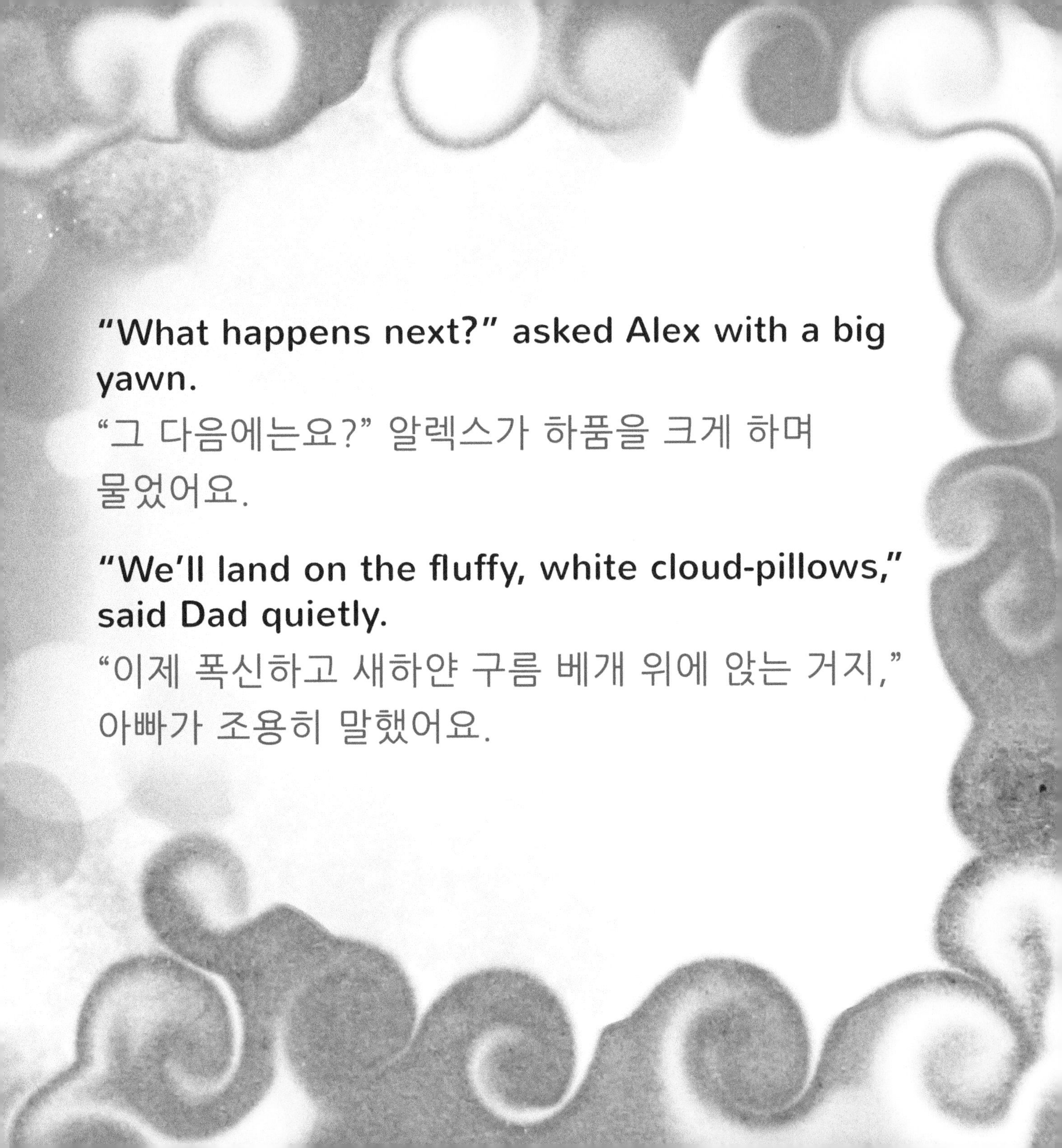

"What happens next?" asked Alex with a big yawn.

"그 다음에는요?" 알렉스가 하품을 크게 하며 물었어요.

"We'll land on the fluffy, white cloud-pillows," said Dad quietly.

"이제 폭신하고 새하얀 구름 베개 위에 앉는 거지," 아빠가 조용히 말했어요.

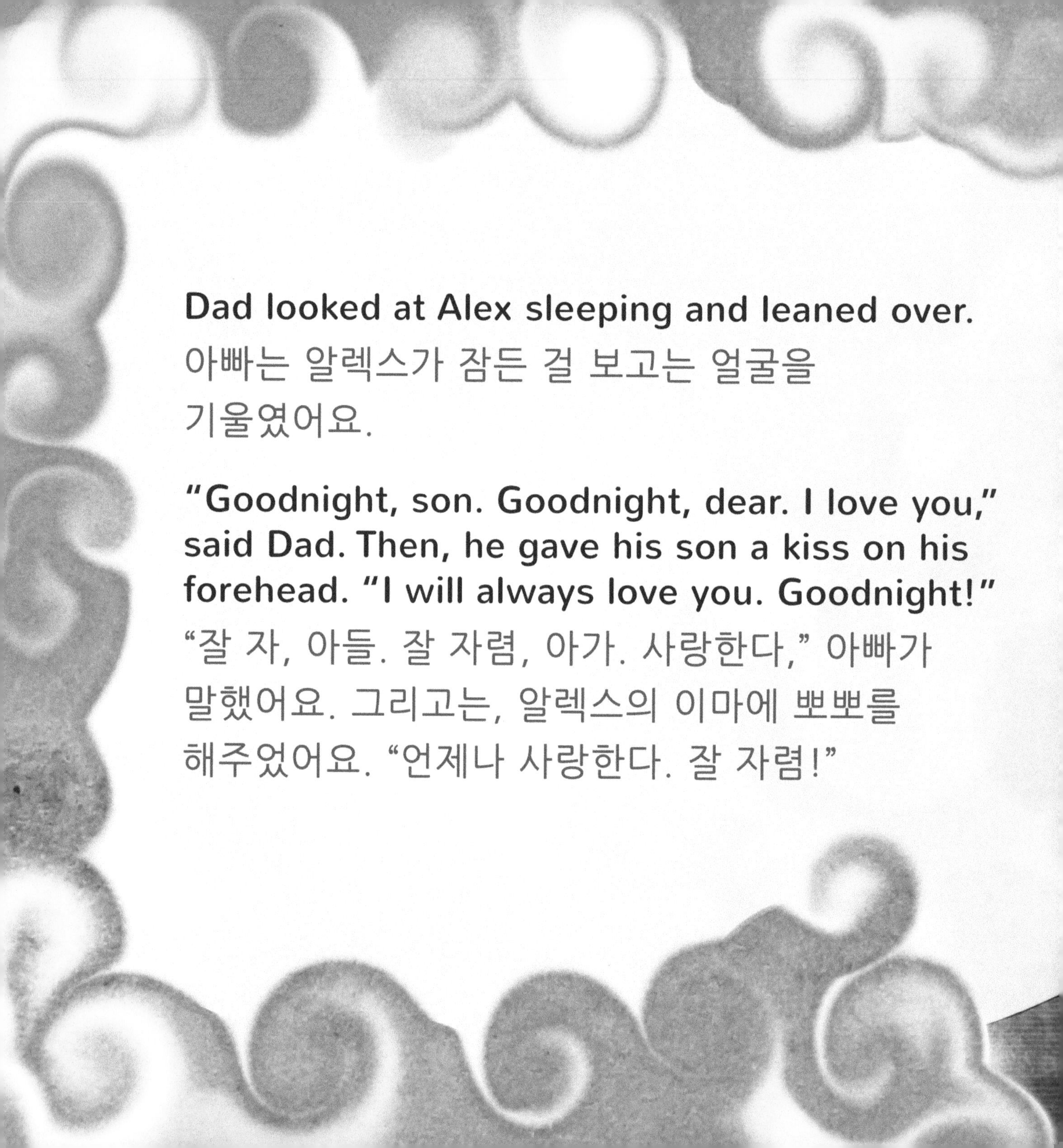

Dad looked at Alex sleeping and leaned over.

아빠는 알렉스가 잠든 걸 보고는 얼굴을 기울였어요.

"Goodnight, son. Goodnight, dear. I love you," said Dad. Then, he gave his son a kiss on his forehead. "I will always love you. Goodnight!"

"잘 자, 아들. 잘 자렴, 아가. 사랑한다," 아빠가 말했어요. 그리고는, 알렉스의 이마에 뽀뽀를 해주었어요. "언제나 사랑한다. 잘 자렴!"

PiYo!

CPSIA information can be obtained
at www.ICGtesting.com
Printed in the USA
LVHW071824141218
600501LV00017B/459/P

9 781525 907241